최고의 인성교육 지침서
四字小學
사자소학 펜글씨 쓰기

최고의 인성교육 지침서
사자소학 펜글씨 쓰기

2쇄 발행　2020년 7월 20일

지은이　시사정보연구원
발행인　권윤삼
발행처　도서출판 산수야

등록번호　제1-1515호
주소　서울시 마포구 월드컵로 165-4
우편번호　121-826
전화　02-332-9655
팩스　02-335-0674

ISBN 978-89-8097-370-5　13710

값은 뒤표지에 있습니다. 잘못된 책은 바꾸어 드립니다.

이 책의 모든 법적 권리는 도서출판 산수야에 있습니다.
저작권법에 의해 보호받는 저작물이므로
본사의 허락 없이 무단 전재, 복제, 전자출판 등을 금합니다.

최고의 인성교육 지침서

四字小學

사자소학
펜글씨 쓰기

시사정보연구원 지음

시사패스
SISAPASS.COM

✱ 머리말

최고의 인성교육 지침서 사자소학

인생을 대하는 태도에 대해 알려주는 사자소학

예절과 관련된 다양한 자료가 풍부한 사자소학

생활태도와 기본자세를 반성하게 하는 사자소학

인문 고전 중에도 가장 쉽게 접근할 수 있는 책, 사자소학

글로벌화된 최첨단 문명시대를 살아가는 우리에게 가장 필요한 것들에는 무엇이 있을까? 인문학 열풍이 거센 것도 바로 이러한 물음에 대한 해답 중의 하나가 아닐까 싶다. 인성교육의 부재를 절감하고 있는 교육현장에서 특히 강조하는 것이 바로 예절, 효행, 정직, 책임, 존중, 배려, 소통, 협동심이다. 이러한 인성교육의 바른 길을 안내해 주는 지침서로 사자소학이 거론되는 것은, 사자소학이 천자문을 익히기 전에 아이들이 배우던 학습서이며, 한자와 일상생활의 예의범절을 가르치기 위해 만든 책이기 때문이다.

시대와 종교와 이념을 넘어 동양 고전을 집대성한 효행 인성교육 교재인 사자소학은 예로부터 인성교육 교재의 대명사로 인식되어 왔다. "사람의 성품, 마음의 바탕이나 사람의 됨됨이"를 일컫는 인성은 사람끼리 어울림을 통해서 만들어지는 것이다.

자기 자신 이외의 다른 사람을 인정하고 더불어 조화를 이루는 것이 바로 인성이 형성되는 과정인 것이다. 이 과정은 효로부터 출발한다고 볼 수 있는데 여기서 말하는 효는 부모공경만을 말하는 것이 아니라 지역·계층·세대 간의 조화를 말한다.

여기에서 확인할 수 있는 바와 같이 우리 조상들이 배웠던 책을 지금 우리가 읽고 공부해야 하는 이유는 명확해진다. 예나 지금이나 인간의 도리는 변함이 없기 때문이다.

사자소학은 인간이라면 꼭 지켜야 할 가장 기본적인 행동기준을 가르치고 있기 때문에 예의 바르고 반듯한 사람으로 성장할 수 있도록 도움을 줄 뿐만 아니라 심성이 곱고 맑은 사람으로 이끌어 준다. 따라서 이 책은 어린아이가 읽어도 좋고, 어른이 되어서 읽어도 삶을 돌아보게 하고 다시 바른 기준을 세울 수 있게 한다.

사자소학은 쉬운 글자로 구성되어 있기 때문에 여러 번 읽으면서 마음에 새기면 선현들의 깊은 지혜를 온전히 내 것으로 만들 수 있다. 매일매일 꾸준하게 사자소학을 읽고 한자를 따라 쓰면서 인성교육의 8대 핵심가치인 예절, 효행, 정직, 책임, 존중, 배려, 소통, 협동을 실천하는 사람으로 거듭날 수 있기를 희망한다.

✻ 한자 쓰기의 기본원칙 ✻

1. 위에서 아래로 쓴다.
   言(말씀 언) → 一 二 三 三 言 言 言
   雲(구름 운) → 一 厂 宀 帀 帀 雨 雨 雫 雲 雲

2. 왼쪽에서 오른쪽으로 쓴다.
   江(강 강) → 丶 冫 氵 汀 江 江
   例(법식 예) → 丿 亻 伀 佪 例 例 例

3. 가로획과 세로획이 겹칠 때는 가로획을 먼저 쓴다.
   用(쓸 용) → 丿 冂 月 月 用
   共(함께 공) → 一 十 卄 井 共 共

4. 삐침과 파임이 만날 때는 삐침을 먼저 쓴다.
   人(사람 인) → 丿 人
   文(글월 문) → 丶 亠 ナ 文

5. 좌우가 대칭될 때에는 가운데를 먼저 쓴다.
   小(작을 소) → 亅 小 小
   承(받들 승) → 乛 了 孓 孑 承 承 承

6. 둘러 싼 모양으로 된 자는 바깥쪽을 먼저 쓴다.
   同(같을 동) → 丨 冂 冂 同 同 同
   病(병날 병) → 丶 亠 广 疒 疒 疒 病 病 病

7. 글자를 가로지르는 가로획은 나중에 긋는다.
   女(여자 녀) → 𡿨 𡿪 女
   母(어미 모) → 𡿨 刀 勹 母 母

8. 글자 전체를 꿰뚫는 세로획은 나중에 쓴다.
   車(수레 거) → 一 厂 戸 百 亘 車 車
   事(일 사) → 一 厂 戸 百 亘 亖 事 事

9. 책받침(辶, 廴)은 나중에 쓴다.
   近(원근 근) → ′ ⌒ ŕ ŕ 斤 沂 沂 近
   建(세울 건) → ㄱ ㅋ ㅋ ㅋ ㅋ 聿 聿 建 建

■ 한자의 기본 점(點)과 획(劃)
   (1) 점
      ① 「ノ」: 왼점   ② 「ヽ」: 오른점
      ③ 「ヾ」: 오른 치킴   ④ 「ノ」: 오른점 삐침
   (2) 직선
      ⑤ 「一」: 가로긋기   ⑥ 「丨」: 내리긋기
      ⑦ 「⌐」: 평갈고리   ⑧ 「亅」: 왼 갈고리
      ⑨ 「ᐯ」: 오른 갈고리
   (3) 곡선
      ⑩ 「ノ」: 삐침   ⑪ 「✓」: 치킴
      ⑫ 「ヽ」: 파임   ⑬ 「辶」: 받침
      ⑭ 「)」: 굽은 갈고리   ⑮ 「乀」: 지게다리
      ⑯ 「⌒」: 누운 지게다리 ⑰ 「乚」: 새가슴

少① ②	火③ ④	主⑤	伸⑥
揮⑦ ⑧	表⑨	冷⑩ ⑪ ⑫	送⑬
乎⑭	式⑮	忠⑯	兄⑰

父生我身(하시고) 母鞠吾身(이로다.)

아비 부 날 생 나 아 몸 신   어미 모 기를 국 나 오 몸 신

아버지는 내 몸을 낳게 하시고 어머니는 내 몸을 기르셨다.

父	父	父							
아비 부	⼁ ⼃ ⼂ 父								
生	生	生							
날 생	⼁ ⼃ ⼂ 牛 生								
我	我	我							
나 아	⼁ ⼂ 千 手 我 我 我								
身	身	身							
몸 신	⼁ ⼂ 勹 勺 自 身 身								

母	母	母							
어미 모	⼁ ⼂ 乂 乄 母								
鞠	鞠	鞠							
기를 국	一 廿 苗 革 靮 靮 鞠								
吾	吾	吾							
나 오	一 丅 五 五 吾 吾								
身	身	身							
몸 신	⼁ ⼂ 勹 勺 自 身 身								

腹以懷我 (하시고)　乳以哺我 (로다.)

배복　써이　품을회　나아　　젖유　써이　먹을포　나아

배로써 나를 품으시고 젖으로써 나를 먹여 주셨다.

腹									
배 복	月 月 肝 胪 胪 腹 腹 腹								
以									
써 이	丶 レ ㄣ 以 以								
懷									
품을 회	丶 忄 忄 忄 忄 忄 懷 懷								
我									
나 아	丿 二 千 手 我 我 我								

乳									
젖 유	丶 ⺈ ⺈ 孚 孚 乳								
以									
써 이	丶 レ ㄣ 以 以								
哺									
먹을 포	丨 口 口 口 叮 吖 哺 哺								
我									
나 아	丿 二 千 手 我 我 我								

以衣溫我(하시고) 以食飽我(로다.)

써 이　옷 의　따뜻할 온　나 아　　　써 이　밥 식　배부를 포　나 아

옷으로써 나를 따뜻하게 입히시고 음식으로써 나를 배부르게 하셨다.

以									
써 이	㇊ ㇄ ㇄ 以 以								
衣									
옷 의	丶 一 ナ オ ネ 衣								
溫									
따뜻할 온	氵氵氵汨汨温温温								
我									
나 아	丿 二 千 手 我 我 我								

以									
써 이	㇊ ㇄ ㇄ 以 以								
食									
밥 식	人 人 今 今 今 食 食								
飽									
배부를 포	人 今 今 食 飣 飽 飽								
我									
나 아	丿 二 千 手 我 我 我								

恩高如天 (하시고)　德厚似地 (로다.)

은혜 은　높을 고　같을 여　하늘 천　　덕 덕　두터울 후　같을 사　땅 지

은혜는 높기가 하늘과 같고 덕은 두텁기가 땅과 같구나.

恩	恩	恩							
은혜 은	冂 冃 因 因 因 恩 恩								
高	高	高							
높을 고	ㆍ 亠 古 古 高 高 高								
如	如	如							
같을 여	ㄑ 乂 女 女 如 如								
天	天	天							
하늘 천	一 二 チ 天								

德	德	德							
덕 덕	彳 彳 彳 德 德 德 德								
厚	厚	厚							
두터울 후	厂 厂 厂 厚 厚 厚 厚								
似	似	似							
같을 사	丿 亻 亻 仏 似 似								
地	地	地							
땅 지	一 十 土 圵 圵 地 地								

爲人子者㈎ 曷不爲孝㈐

할위 사람인 아들자 놈자　　　어찌갈 아닐불 할위 효도효
　　　　　　　　　　　　　　　　　아닐부

자식 된 자로서 어찌 효도를 하지 않겠는가?

爲	爲	爲						
할위	丶ノ广户爲爲爲							
人	人	人						
사람인	ノ人							
子	子	子						
아들자	一了子							
者	者	者						
놈자	十土耂者者者							

曷	曷	曷						
어찌갈	丨口日甲曷曷曷							
不	不	不						
아닐불	一ア不不							
爲	爲	爲						
할위	丶ノ广户爲爲爲							
孝	孝	孝						
효도효	一十土耂考孝孝							

欲報深恩 (이나) 昊天罔極 (이로다.)

하고자 할 욕　갚을 보　깊을 심　은혜 은　　하늘 호　하늘 천　없을 망　다할 극

깊고 깊은 은혜를 갚고자 하나 넓은 하늘과 같아 다함이 없도다!

欲	欲	欲							
하고자 할 욕	〃夕名谷谷欲欲								
報	報	報							
갚을 보	土去幸幸 報報報								
深	深	深							
깊을 심	氵氻沪泙深深深								
恩	恩	恩							
은혜 은	冂冂冈因因恩恩								

昊	昊	昊							
하늘 호	丨冂日旦昇昊								
天	天	天							
하늘 천	一二チ天								
罔	罔	罔							
없을 망	丨冂冂罓罔罔								
極	極	極							
다할 극	十木朾朾柯柯極極								

父母呼我(시면) 唯而趨進(이니라.)

아비 부 어미 모 부를 호 나 아   오직 유 말이을 이 달릴 추 나아갈 진

부모가 나를 부르시면 곧 대답하고 달려갈지니라.

父 아비 부	父 父
	′ ′′ 父

母 어미 모	母 母
	ㄴ ㄴ ㄴ 母 母

呼 부를 호	呼 呼
	ㅣ ㅁ ㅁ ㅁ 叮 咛 呼

我 나 아	我 我
	′ ㄴ 二 千 手 我 我 我

唯 오직 유	唯 唯
	ㅁ 旷 吖 吖 咋 唯 唯

而 말이을 이	而 而
	ㅡ ㄱ 了 丙 而 而

趨 달릴 추	趨 趨
	ㅡ 十 丰 走 起 起 趨 趨

進 나아갈 진	進 進
	′ ′ ′′ ″ 仁 伟 隹 隹 進

父母之命 (이시든) 勿逆勿怠 (하라.)

아비 부　어미 모　어조사 지　목숨 명　　　　말 물　거스를 역　말 물　게으를 태
　　　　　　　　　　　　　명령 명

부모님의 명령은 거스르지도 말고 게을리도 말라.

父	父	父						
아비 부	ノ ハ ク 父							

母	母	母						
어미 모	ㄴ ㅁ ㅁ ㅁ 母							

之	之	之						
어조사 지	ヽ ラ 之							

命	命	命						
목숨 명	人 亼 亼 슈 슈 命 命							

勿	勿	勿						
말 물	ノ ク 勹 勿							

逆	逆	逆						
거스를 역	ヽ ソ ユ 屰 屰 逆 逆							

勿	勿	勿						
말 물	ノ ク 勹 勿							

怠	怠	怠						
게으를 태	ノ ム 厶 台 台 怠 怠							

侍坐親前(하고) 勿踞勿臥(하라.)

모실 시　앉을 좌　친할 친　앞 전　　　말 물　걸터앉을 거　말 물　누울 와

어버이 앞에 앉을 때에는 몸을 바르게 하고 걸터앉지도 눕지도 말라.

侍 모실 시	侍	侍						
	ノ 亻 亻 亻⁺ 仕 侍 侍							

坐 앉을 좌	坐	坐						
	ノ ㅅ ㅼ ㅼㅅ ㅼㅅㅅ 坐 坐							

親 친할 친	親	親						
	亠 立 辛 亲 亲斤 亲見 親							

前 앞 전	前	前						
	ヽ ヾ 丷 亠 丷 前 前 前							

勿 말 물	勿	勿						
	ノ 勹 勺 勿							

踞 걸터앉을 거	踞	踞						
	丨 口 ⺁ 足 足尸 足尸 踞 踞							

勿 말 물	勿	勿						
	ノ 勹 勺 勿							

臥 누울 와	臥	臥						
	一 丆 五 子 臣 臥 臥							

對案不食(이시어든) 思得良饌(하라.)

대할 대　밥상 안　아닐 불　먹을 식　　생각할 사　얻을 득　좋을 량　반찬 찬

밥상을 대하고 잡수시지 않으시거든 좋은 음식을 장만할 것을 생각하라.

對	對	對							
대할 대	丨 冂 业 业 业 对 對 對								
案	案	案							
밥상 안	丶 宀 宀 安 安 宰 案								
不	不	不							
아닐 불	一 ア 不 不								
食	食	食							
먹을 식	人 人 今 今 今 食 食								

思	思	思							
생각할 사	口 曰 田 思 思								
得	得	得							
얻을 득	丿 彳 彳 彳 得 得 得 得								
良	良	良							
좋을 량	丶 ㇇ ㇉ 彐 户 良 良								
饌	饌	饌							
반찬 찬	丿 亻 亽 亼 亽 亽 饌 饌 饌								

父母有病(이시어든) 憂而謀療(하여라.)

아비 부　어미 모　있을 유　병 병　　근심할 우　말 이을 이　꾀할 모　병 고칠 료

부모가 병환이 있으시거든 근심하여 치료할 것을 꾀하여라.

父
아비 부 　ノ ハ グ 父

母
어미 모 　ㄥ 乙 乃 圽 母

有
있을 유 　ノ ナ 𠂇 冇 有 有

病
병 병 　丶 亠 广 疒 疠 病 病

憂
근심할 우 　一 丆 百 直 憂 惪 憂

而
말 이을 이 　一 丆 丆 而 而 而

謀
꾀할 모 　亠 亠 言 計 讃 謀 謀

療
병 고칠 료 　丶 亠 广 疒 疗 疗 痞 療

裹糧以送 (이면) 勿懶讀書 (하라.)

쌀 과 양식 량 써 이 보낼 송   말 물 게으를 라 읽을 독 책 서
        양식 양

양식을 싸서 보내면 독서하기를 게을리 말라.

裹								
쌀 과	丶亠古亩車東裏裏裏							
糧								
양식 량	丶丷半米粌粮糧糧							
以								
써 이	丨㇑丶以以							
送								
보낼 송	八⺍半关关送送							

勿								
말 물	丿勹勿勿							
懶								
게으를 라	丶忄忄忄忄忄懶懶							
讀								
읽을 독	亠言言讀讀讀讀							
書								
책 서	一⺇彐聿聿書書							

口勿雜談(하고) 手勿雜戲(하라)

입구　말물　섞일잡　말씀담　　손수　말물　섞일잡　희롱할희

입으로는 잡담을 하지 말고 손으로는 장난을 하지 말라.

口								
입구	ㅣ 口 口							
勿								
말물	ノ ク 勹 勿							
雜								
섞일잡	亠 亣 ホ 杂 新 新 雜 雜							
談								
말씀담	亠 ㄗ 言 言 訟 談 談							

手								
손수	ノ 二 三 手							
勿								
말물	ノ ク 勹 勿							
雜								
섞일잡	亠 亣 ホ 杂 新 新 雜 雜							
戲								
희롱할희	ㅣ ㅏ 上 产 卢 虍 虍 虛 虛 虛 戲 戲 戲							

若告西遊(하고) 不復東征(하라.)

만일 약 알릴 고 서녘 서 놀 유   아닐 불 다시 부 동녘 동 갈 정

만일 서쪽에서 논다 말씀 드렸으면 동쪽으로 가지 말라.

若								
만일 약	一 艹 艹 芊 芋 若 若							
告								
알릴 고	ノ 一 ナ 生 牛 告 告							
西								
서녘 서	一 冂 冋 西 西							
遊								
놀 유	亠 方 方 旂 斿 游 遊							

不								
아닐 불	一 丆 才 不							
復								
다시 부	ノ 彳 彳 ^亻 㣹 伊 復							
東								
동녘 동	一 冂 冋 両 甫 東							
征								
갈 정	ノ 彳 彳 彳 社 征 征							

出必告之 (이어든) 返必拜謁 (하라.)

날 출　반드시 필　알릴 고　갈 지　　돌아올 반　반드시 필　절 배　아뢸 알

나갈 때는 반드시 아뢰고 돌아와서도 반드시 뵙고 아뢰어라.

出	出	出							
날 출	丨 丄 屮 出 出								
必	必	必							
반드시 필	丶 ソ 必 必 必								
告	告	告							
알릴 고	丿 一 屮 生 生 告 告								
之	之	之							
갈 지	丶 ユ 之								

返	返	返							
돌아올 반	一 厂 厂 反 反 返 返								
必	必	必							
반드시 필	丶 ソ 必 必 必								
拜	拜	拜							
절 배	三 手 扌 扌 扌 拝 拜								
謁	謁	謁							
아뢸 알	一 言 訂 訓 謁 謁 謁								

立則視足(하고) 坐則視膝(하라.)

설립 곧즉 볼시 발족　　앉을좌 곧즉 볼시 무릎슬
설입

서서는 반드시 부모의 발을 보고 앉아서는 반드시 부모의 무릎을 보듯 하라.

立	立	立							
설입	丶 一 亠 立 立								
則	則	則							
곧즉	丨 冂 冃 目 貝 貝 則								
視	視	視							
볼시	二 亍 宗 衤 和 祀 視								
足	足	足							
발족	丨 口 口 口 足 足 足								

坐	坐	坐							
앉을좌	丿 人 𠂉 𠂉人 𠂉人人 坐 坐								
則	則	則							
곧즉	丨 冂 冃 目 貝 貝 則								
視	視	視							
볼시	二 亍 宗 衤 和 祀 視								
膝	膝	膝							
무릎슬	丿 月 厂 脒 胅 胅 膝 膝								

昏必定褥(하고) 晨必省候(하라.)

어두울 혼　반드시 필　정할 정　요 욕　　새벽 신　반드시 필　살필 성　기후 후

저녁에는 이부자리를 살피고 새벽에는 반드시 문안을 살펴라.

昏	昏	昏							
어두울 혼	一 亠 乕 氏 昏 昏 昏								
必	必	必							
반드시 필	丶 丿 必 必 必								
定	定	定							
정할 정	宀 宁 宇 定 定								
褥	褥	褥							
요 욕	丶 ラ 衤 衤 衤 衤 衤 褥								

晨	晨	晨							
새벽 신	冂 曰 尸 辰 晨 晨 晨								
必	必	必							
반드시 필	丶 丿 必 必 必								
省	省	省							
살필 성	丨 小 少 少 省 省 省								
候	候	候							
기후 후	亻 伊 伊 伊 伊 候								

父母愛之 (이시어든) 喜而勿忘 (하라.)

아비 부　어미 모　사랑 애　갈 지　　　기쁠 희　말 이을 이　말 물　잊을 망

부모가 나를 사랑하시거든 기뻐하여 잊지 말라.

父	父	父							
아비 부	ノ ハ ケ 父								
母	母	母							
어미 모	ㄴ ㄇ ㄇ 뮤 母								
愛	愛	愛							
사랑 애	ノ ハ ㅠ 爫 砭 啞 쯍 愛								
之	之	之							
갈 지	ㆍ ㄣ 之								

喜	喜	喜							
기쁠 희	十 士 吉 声 吉 吉 喜								
而	而	而							
말 이을 이	ㄧ ㄒ ㄏ 丙 而 而								
勿	勿	勿							
말 물	ノ ㄱ 勹 勿								
忘	忘	忘							
잊을 망	ㆍ ㅗ 亡 忘 忘								

父母責之(어시든) 反省勿怨(하라.)

아비 부 어미 모 꾸짖을 책 갈 지   되돌릴 반 살필 성 말 물 원망할 원

부모가 나를 꾸짖으시거든 반성하고 원망하지 말라.

父	父	父							
아비 **부**	ノ ハ グ 父								
母	母	母							
어미 **모**	ㄴ 凸 므 母 母								
責	責	責							
꾸짖을 **책**	一 十 主 青 青 青 責								
之	之	之							
갈 **지**	丶 ㄱ 之								

反	反	反							
되돌릴 **반**	一 厂 匚 反								
省	省	省							
살필 **성**	ㅣ 小 少 少 省 省 省								
勿	勿	勿							
말 **물**	ノ ㄱ 勹 勿								
怨	怨	怨							
원망할 **원**	ク 夕 夗 夗 怨 怨 怨								

行勿慢步(하고) 坐勿倚身(하라.)

다닐 행 말 물 거만할 만 걸음 보   앉을 좌 말 물 의지할 의 몸 신

걸음을 거만하게 걷지 말고 앉을 때에는 몸을 기대지 말라.

行								
다닐 행	ノ ノ 彳 彳 行 行							
勿								
말 물	ノ ク 勹 勿							
慢								
거만할 만	丶 忄 忄 忸 愠 愠 慢							
步								
걸음 보	丨 卜 止 止 步 步 步							

坐								
앉을 좌	ノ 人 ル 从 丛 坐 坐							
勿								
말 물	ノ ク 勹 勿							
倚								
의지할 의	ノ 亻 亻 仿 伶 倚 倚							
身								
몸 신	ノ 亻 冂 月 月 身 身							

勿立門中 (하고) 勿坐房中 (하라.)

말물 설립 문문 가운데중　　말물 앉을좌 방방 가운데중

문 한가운데는 서지 말고 방 한가운데는 앉지 말라.

勿 말물	勿	勿						
ノ ⺈ 勹 勿								
立 설립	立	立						
、 亠 立 立 立								
門 문문	門	門						
l 冂 冂 門 門								
中 가운데중	中	中						
l 口 口 中								

勿 말물	勿	勿						
ノ ⺈ 勹 勿								
坐 앉을좌	坐	坐						
ノ 人 人 从 丛 坐 坐								
房 방방	房	房						
、 ⼾ 户 户 戶 房 房								
中 가운데중	中	中						
l 口 口 中								

鷄鳴而起(하고)　必盥必漱(하라.)

닭 계　울 명　말 이을 이　일어날 기　　반드시 필　대야 관　반드시 필　양치질할 수

닭이 우는 새벽에 일어나서 반드시 세수하고 양치하라.

鷄									
닭 계	´ ⺈ 爫 奚 鷄 鷄 鷄								
鳴									
울 명	丨 口 叮 咱 鳴 鳴								
而									
말 이을 이	一 丆 丌 而 而								
起									
일어날 기	一 十 土 走 起 起 起								

必									
반드시 필	` 丿 必 必 必								
盥									
대야 관	` 亻 𠂉 臼 臼 臼 臼 臼 臼 盥 盥								
必									
반드시 필	` 丿 必 必 必								
漱									
양치질할 수	` 冫 氵 浐 泺 漱 漱								

言語必愼(하고) 居處必恭(하라.)

말씀 언　말씀 어　반드시 필　삼갈 신　　　살 거　곳 처　반드시 필　공손할 공

말은 반드시 삼가고 거처는 반드시 공손히 하라.

言	言	言					
말씀 언	丶亠三亖言言						
語	語	語					
말씀 어	亠三言訂語語語						
必	必	必					
반드시 필	丶丿必必必						
愼	愼	愼					
삼갈 신	丶忄忄忄愼愼愼愼						

居	居	居					
살 거	一コア尸尸居居						
處	處	處					
곳 처	丨卜广卢虍虎處						
必	必	必					
반드시 필	丶丿必必必						
恭	恭	恭					
공손할 공	一十廾共共恭恭						

始習文字(이어든) 字劃楷正(하라.)

비로소 시 익힐 습 글월 문 글자 자   글자 자 그을 획 본보기 해 바를 정

비로소 문자를 익힘에는 글자를 바르고 정확하게 하라.

始								
비로소 시	ㄑ ㄠ 女 女 妒 始 始							
習								
익힐 습	ㄱ ㅋ ㅋㅣ 羽 羽コ 習 習							
文								
글월 문	ㆍ 亠 ナ 文							
字								
글자 자	ㆍ 丶 宀 宁 宁 字							

字								
글자 자	ㆍ 丶 宀 宁 宁 字							
劃								
그을 획	ㄱ ㄹ 聿 書 書 畵 劃							
楷								
본보기 해	ㄧ 十 木 杙 杦 楷 楷							
正								
바를 정	ㄧ 丅 下 正 正							

父母之年(은) 不可不知(하느니라.)

아비 부　어미 모　갈 지　해 년　　　아닐 불　옳을 가　아닐 부　알 지

부모님의 나이는 반드시 알아야 하느니라.

父									
아비 부	ノ ハ ク 父								
母									
어미 모	ㄴ ㄇ ㄇ ㄇ 母								
之									
갈 지	ヽ ㇉ 之								
年									
해 년	ノ ノ ㄴ ㄷ ㄷ 年								

不									
아닐 불	一 ア 不 不								
可									
옳을 가	一 ㄱ ㄲ ㅁ 可								
不									
아닐 부	一 ア 不 不								
知									
알 지	ノ ㄴ ㄷ 乍 矢 知 知								

飲食雖惡 (이라도) 與之必食 (하고)

마실 음 먹을 식 비록 수 나쁠 악   줄 여 갈 지 반드시 필 먹을 식

음식이 비록 좋지 않더라도 주시면 반드시 먹어야 하고,

飲								
마실 음	ノ 今 今 今 食 食 飮 飮							
食								
먹을 식	人 人 今 今 今 食 食							
雖								
비록 수	口 吊 虽 虽 虽 雖 雖							
惡								
나쁠 악	一 下 西 亞 亞 惡 惡							

與								
줄 여	ノ F 化 作 伯 伯 伯 與 與							
之								
갈 지	丶 亠 之							
必								
반드시 필	丶 丿 必 必 必							
食								
먹을 식	人 人 今 今 今 食 食							

衣服雖惡 (하더라도) 與之必着 (하느니라.)

옷의　옷복　비록수　나쁠악　　줄여　갈지　반드시필　입을착

의복이 비록 나쁘더라도 주시거든 반드시 입어야 하느니라.

衣	옷의	丶一ナ才衣衣
服	옷복	丨刀月月肝服服
雖	비록수	口吕虽到虽雖雖
惡	나쁠악	一亞亞亞惡惡

與	줄여	丨F内由與與
之	갈지	丶ㄣ之
必	반드시필	ノ必必必
着	입을착	丷丷羊羊着着着

衣服帶鞋(는) 勿失勿裂(하라.)

옷 의　옷 복　띠 대　신 혜　　말 물　잃을 실　말 물　찢을 렬

의복과 혁대와 신발은 잃어버리지도 말고 찢지도 말라.

衣	衣	衣							
옷 의	丶 一 ナ オ 衣 衣								
服	服	服							
옷 복	丿 几 月 月 服 服 服 服								
帶	帶	帶							
띠 대	一 十 卅 卅 卅 帶 帶								
鞋	鞋	鞋							
신 혜	一 廿 廿 芇 革 革 鞋 鞋								

勿	勿	勿							
말 물	丿 勹 勿 勿								
失	失	失							
잃을 실	丿 一 二 牛 失								
勿	勿	勿							
말 물	丿 勹 勿 勿								
裂	裂	裂							
찢을 렬	一 歹 歹 列 列 裂 裂								

寒不敢襲(하고)　暑勿褰裳(하라.)

찰 한　아닐 불　감히 감　엄습할 습　　더울 서　말 물　걷어올릴 건　치마 상

춥다고 옷을 껴입지 말고 덥다고 치마나 바지를 걷지 말라.

寒								
찰 한	丶宀宁宇宙宲寒							
不								
아닐 불	一ブイ不							
敢								
감히 감	一丁工千百耳耳敢敢							
襲								
엄습할 습	丶亠咅龍龍龏龏襲							

暑								
더울 서	口日旦무暑暑暑							
勿								
말 물	丿勹勽勿							
褰								
걷어올릴 건	丶宀宁宇宙宲寒寒褰							
裳								
치마 상	丷丬严常常常裳							

夏則扇枕 (이어든) 冬則溫被 (하니라.)

여름 하　곧 즉　부채 선　베개 침　　　겨울 동　곧 즉　따뜻할 온　이불 피

여름에는 머리맡을 부채질로 시원하게 하고 겨울에는
이불을 따뜻하게 해 드려라.

夏								
여름 하	一 丆 丌 百 頁 夏 夏							
則								
곧 즉	丨 冂 月 日 貝 貝 則							
扇								
부채 선	、 丶 户 戸 肩 扇 扇							
枕								
베개 침	十 才 木 木 朴 朸 枕							

冬								
겨울 동	丿 ク 夂 冬 冬							
則								
곧 즉	丨 冂 月 日 貝 貝 則							
溫								
따뜻할 온	氵 汨 汨 湿 湿 溫 溫							
被								
이불 피	丶 亠 ネ 衤 衩 袙 被							

侍坐親側 (이어든) 進退必恭 (하니라.)

모실 시 앉을 좌 어버이 친 곁 측   나아갈 진 물러날 퇴 반드시 필 공손할 공

부모님을 옆에 모시고 앉을 때는 나아가고 물러감을 반드시 공손히 해야 한다.

侍									
모실 시	亻 亻 亻 仴 侍 侍 侍								
坐									
앉을 좌	丿 亻 亻 丷 坐 坐 坐								
親									
어버이 친	亠 立 辛 亲 新 親 親								
側									
곁 측	丿 亻 们 但 俱 側 側								

進									
나아갈 진	亻 亻 亻 仁 仹 隹 谁 進								
退									
물러날 퇴	丁 コ 艮 艮 艮 退 退								
必									
반드시 필	ヽ ノ 必 必 必								
恭									
공손할 공	一 艹 共 共 共 恭 恭								

膝前勿坐 (하고)   親面勿仰 (하라.)

무릎 슬   앞 전   말 물   앉을 좌   친할 친   얼굴 면   말 물   우러를 앙

부모님의 무릎 앞에 앉지 말고 부모님의 얼굴은 똑바로 쳐다보지 말라.

膝	무릎 슬	ノ 月 刖 𦙾 胅 胅 膝 膝
前	앞 전	⺌ 亠 广 肖 前 前 前
勿	말 물	ノ 勹 勿 勿
坐	앉을 좌	ノ 人 𠂉 𠂉 𠂉 坐 坐
親	친할 친	亠 立 产 亲 亲 剢 親 親
面	얼굴 면	一 丆 而 面 面 面
勿	말 물	ノ 勹 勿 勿
仰	우러를 앙	ノ 亻 亻 乍 仰 仰

父母臥命 (하시면) 俯首聽之 (하느니라.)

아비 부　어미 모　누울 와　명령 명　　숙일 복　머리 수　들을 청　갈 지

부모님이 누워서 명하시면 머리를 숙이고 들어야 하느니라.

父 아비 부	父	父	ノ ハ グ 父						
母 어미 모	母	母	ㄴ 耳 耳 耳 母						
臥 누울 와	臥	臥	一 丁 ㄹ 于 臣 臥 臥						
命 명령 명	命	命	ノ 人 ㅅ 合 合 命						

俯 숙일 복	俯	俯	ノ 亻 亻 仁 俨 俯 俯 俯						
首 머리 수	首	首	ㆍ 丷 艹 芢 艿 首 首						
聽 들을 청	聽	聽	一 丁 耳 耴 聍 聽 聽						
之 갈 지	之	之	ㆍ ㄱ 之						

居處靖靜 (하며)　步履安詳 (하라.)

살 거　곳 처　편하게 할 정　고요할 정　　걸음 보　밟을 리　편안할 안　자세할 상

거처할 때에는 조용히 움직이고 걸음걸이는 편안하고 조용하게 하라.

居								
살 거	フ ヲ 尸 尸 居 居							
處								
곳 처	ト ト 广 庐 庐 虍 處							
靖								
편하게 할 정	ユ 亠 立 产 产 诤 靖 靖							
靜								
고요할 정	二 主 青 青 青 靜 靜							

步								
걸음 보	丨 卜 止 屮 步 步							
履								
밟을 리	フ 尸 尸 尸 屛 屛 履							
安								
편안할 안	丶 宀 宀 安 安							
詳								
자세할 상	丶 亠 言 言 言 誶 詳 詳							

飽食暖衣 (하며) 逸居無教 (하면)

배부를 포　먹을 식　따뜻할 난　옷 의　　　편안할 일　살 거　없을 무　가르칠 교

배불리 먹고 옷을 따뜻하게 입으며 편히 살면서 가르치지 않으면,

飽								
배부를 포	ノ ㇒ 亽 乌 食 飣 飠 飽 飽							
食								
먹을 식	ノ 人 今 今 今 食 食							
暖								
따뜻할 난	丨 日 日 日 旷 旷 旷 暖							
衣								
옷 의	亠 ナ 才 衣 衣							

逸								
편안할 일	㇒ 夕 各 免 兔 逸 逸							
居								
살 거	一 コ 尸 尸 厍 居 居							
無								
없을 무	ノ 二 無 無 無 無							
敎								
가르칠 교	ノ メ 产 矛 孝 孝 敎							

卽近禽獸(하니) 聖人憂之(하니라.)

곧 즉 가까울 근 날짐승 금 짐승 수   성인 성 사람 인 근심 우 갈 지

곧 금수와 다름이 없느니 성인은 그것을 걱정하시니라.

卽								
곧 즉	′ ㄇ 白 冉 皀 卽 卽							
近								
가까울 근	′ 厂 斤 斤 近 近							
禽								
날짐승 금	人 亼 今 今 余 侴 禽 禽							
獸								
짐승 수	門 単 置 嘼 嘼 獸 獸							

聖								
성인 성	厂 王 耵 耴 聖 聖 聖							
人								
사람 인	ノ 人							
憂								
근심 우	一 丙 百 百 恧 夢 憂							
之								
갈 지	` ㇗ 之							

學優則仕(하야)　爲國盡忠(하고)

배울 학　넉넉할 우　곧 즉　벼슬할 사　　할 위　나라 국　다할 진　충성 충
　　　　　　　　법칙 칙

학문이 넉넉하면 벼슬을 해서 나라를 위해 충성을 다하고,

學	學	學						
배울 학	「 ″ 甾 甾 幽 學 學							
優	優	優						
넉넉할 우	亻 亻 俨 俨 俥 傴 優 優							
則	則	則						
곧 즉	丨 冂 月 目 貝 貝 則							
仕	仕	仕						
벼슬할 사	ノ 亻 亻 什 仕							

爲	爲	爲						
할 위	″ 广 尸 尸 爲 爲 爲							
國	國	國						
나라 국	冂 冂 冋 冋 國 國 國							
盡	盡	盡						
다할 진	丁 ヨ 圭 聿 書 書 盡							
忠	忠	忠						
충성 충	丶 口 口 中 中 忠 忠							

敬信節用 (하야) 愛民如子 (하라.)

공경할 경 믿을 신 마디 절 쓸 용   사랑 애 백성 민 같을 여 아들 자

조심해서 미덥게 일하며 재물을 아껴 쓰고 백성을 사랑함은 자식과 같게 하라.

敬								
공경할 경	゛゛芍芍茍敬敬							
信								
믿을 신	ノイ亻仁信信信							
節								
마디 절	゛゛゛゛゛節節節							
用								
쓸 용	ノ 刀 月 月 用							

愛								
사랑 애	´´´´´愛愛							
民								
백성 민	¬ ¬ 尸 尸 民							
如								
같을 여	く 女 女 如 如 如							
子								
아들 자	¬ 了 子							

人倫之中(에) 忠孝爲本(이니)

사람 인 인륜 륜 갈 지 가운데 중   충성 충 효도 효 할 위 근본 본

인륜 가운데에 충과 효가 근본이 되니,

人 사람 인	人 人 ノ 人
倫 인륜 륜	倫 倫 亻 仸 仸 伶 伶 倫 倫
之 갈 지	之 之 丶 ㇇ 之
中 가운데 중	中 中 丨 冂 口 中
忠 충성 충	忠 忠 丨 冂 口 中 忡 忠 忠
孝 효도 효	孝 孝 一 十 土 耂 老 考 孝
爲 할 위	爲 爲 ⺈ 爫 ⺈ 爲 爲 爲 爲
本 근본 본	本 本 一 十 才 木 本

孝當竭力(하고) 忠則盡命(하라.)

효도 효　마땅할 당　다할 갈　힘 력　　　충성 충　곧 즉　다할 진　목숨 명

효도는 마땅히 힘을 다해야 하고 충성은 목숨을 다해야 한다.

孝	孝	孝							
효도 효	一 十 土 耂 孝 孝								
當	當	當							
마땅할 당	丨 ⺌ 屮 当 当 尚 當 當								
竭	竭	竭							
다할 갈	一 ㅑ 뀨 끠 竭 竭 竭								
力	力	力							
힘 력	丁 力								

忠	忠	忠							
충성 충	丶 口 口 中 中 忠 忠								
則	則	則							
곧 즉	丨 冂 月 目 貝 貝 則								
盡	盡	盡							
다할 진	一 ㅋ 聿 聿 盡 盡 盡 盡								
命	命	命							
목숨 명	人 人 人 合 合 合 命 命								

兄弟姉妹(는) 同氣而生(이니)

맏 형 아우 제 손위 누이 자 누이 매   한가지 동 기운 기 말 이을 이 날 생

형제와 자매는 한 기운을 받고 태어났으니,

兄 맏 형	兄	兄							
丨 冂 □ 尸 兄									
弟 아우 제	弟	弟							
丶 丷 丛 弚 弚 弟 弟									
姉 손위 누이 자	姉	姉							
乚 夊 女 女 妒 妒 姉									
妹 누이 매	妹	妹							
夊 夊 女 女~ 好 妹 妹									
同 한가지 동	同	同							
丨 冂 冂 同 同									
氣 기운 기	氣	氣							
一 二 气 气 氘 氖 氣 氣									
而 말 이을 이	而	而							
一 丆 丏 而 而									
生 날 생	生	生							
丿 一 宀 牛 生									

兄友弟恭(하야) 不敢怨怒(하니라.)

맏 형　우애 우　아우 제　공손할 공　　아닐 불　감히 감　원망할 원　성낼 노

형은 우애하고 아우는 공손히 하여 감히 원망하거나 성내지 말아야 한다.

兄	兄	兄							
맏 형	ㅣㅁㅁ尸兄								
友	友	友							
우애 우	一ナ方友								
弟	弟	弟							
아우 제	ヽヽヽ弓弓弟弟								
恭	恭	恭							
공손할 공	一十廾共共恭恭								

不	不	不							
아닐 불	一フオ不								
敢	敢	敢							
감히 감	一工王耳酉敢敢								
怨	怨	怨							
원망할 원	ク夕夗夗怨怨怨								
怒	怒	怒							
성낼 노	ㄑ夕女如奴怒怒								

骨肉雖分 (이나) 本生一氣 (요)

뼈 골　고기 육　비록 수　나눌 분　　근본 본　날 생　한 일　기운 기

뼈와 살은 비록 나누어졌으나 본래 한 기운에서 태어났으며,

骨	骨	骨						
뼈 골	丨冂冋冃咼骨骨							
肉	肉	肉						
고기 육	丨冂冂內內肉肉							
雖	雖	雖						
비록 수	口呂虽虽郵雖雖							
分	分	分						
나눌 분	丿八分分							

本	本	本						
근본 본	一十才木本							
生	生	生						
날 생	丿一二牛生							
一	一	一						
한 일	一							
氣	氣	氣						
기운 기	一一气气气氣氣							

形體雖異 (나) 素受一血 (이니라.)

모양 형　몸 체　비록 수　다를 이　　바탕 소　받을 수　한 일　피 혈

형체는 비록 다르나 본래 한 핏줄을 받았느니라.

形								
모양 형	一 二 デ 开 形 形 形							
體								
몸 체	日 冎 骨 骨 骨 體 體 體							
雖								
비록 수	口 呂 虽 虽 虽 雖 雖							
異								
다를 이	丶 口 田 田 旦 異 異							

素								
바탕 소	一 キ 生 圭 耒 素 素							
受								
받을 수	´ ´ ´ ㅅ ㅆ 严 学 受							
一								
한 일	一							
血								
피 혈	´ ´ 白 白 血 血							

比之於木 (하면) 同根異枝 (하며)

견줄 비　갈 지　어조사 어　나무 목　　한가지 동　뿌리 근　다를 이　가지 지

나무에 비유하면 뿌리는 같으나 가지는 다른 것과 같고,

比	比	比							
견줄 비	ー ト ヒ 比								
之	之	之							
갈 지	、 丶 之								
於	於	於							
어조사 어	一 亠 方 方 於 於 於								
木	木	木							
나무 목	一 十 才 木								
同	同	同							
한가지 동	丨 冂 冂 同 同								
根	根	根							
뿌리 근	十 木 木 木 根 根 根								
異	異	異							
다를 이	丶 口 田 田 甲 畢 異								
枝	枝	枝							
가지 지	十 才 木 木 朾 枋 枝								

比之於水(하면) 同源異流(하니라.)

견줄 비 갈 지 어조사 어 물 수   한가지 동 근원 원 다를 이 흐를 류

물에 비하면 근원은 같으나 흐름은 다른 것과 같다.

比									
견줄 비	一 ト 比 比								
之									
갈 지	、 ゥ 之								
於									
어조사 어	一 ラ 方 方 於 於 於								
水									
물 수	丿 刀 水 水								

同									
한가지 동	丨 冂 冂 同 同								
源									
근원 원	、 氵 氵 沥 沥 沥 源 源								
異									
다를 이	丶 口 田 田 旦 異 異								
流									
흐를 류	、 氵 氵 泸 泸 泸 流 流								

爲兄爲弟(가) 何忍不和(하리오.)

될위 맏형 될위 아우제   어찌 하 참을 인 아닐 불 화할 화

형 되고 아우 된 자가 차마 어찌 불화하리오.

爲									
될 위	ㆍ 宀 宀 户 户 爲 爲 爲								
兄									
맏 형	ㅣ 口 口 尸 兄								
爲									
될 위	ㆍ 宀 宀 户 户 爲 爲 爲								
弟									
아우 제	ㆍ ㆍ 느 弓 弓 弟 弟								

何									
어찌 하	ノ 亻 亻 仁 仃 何 何								
忍									
참을 인	フ 刀 刃 忍 忍 忍								
不									
아닐 불	一 フ 才 不								
和									
화할 화	ノ 二 千 才 禾 和 和								

兄弟怡怡 (하야) 行則雁行 (하라.)

맏 형　아우 제　기쁠 이　기쁠 이　　갈 행　곧 즉　기러기 안　갈 행

형제는 서로 기뻐해야 하고 길을 갈 때는 기러기 떼처럼 나란히 가라.

兄	兄	兄						
맏 형	丨 口 口 尸 兄							
弟	弟	弟						
아우 제	゛ ゛ 丷 弰 弟 弟							
怡	怡	怡						
기쁠 이	゛ 忄 忄 忄 怡 怡							
怡	怡	怡						
기쁠 이	゛ 忄 忄 忄 怡 怡							

行	行	行						
갈 행	ノ ク 彳 彳 行 行							
則	則	則						
곧 즉	丨 冂 冃 目 貝 貝 則							
雁	雁	雁						
기러기 안	一 厂 厈 厈 雁 雁							
行	行	行						
갈 행	ノ ク 彳 彳 行 行							

寢則連衾(하고) 食則同牀(하라.)

잠잘 침　곧 즉　이을 연　이불 금　　먹을 식　곧 즉　같을 동　평상 상

잠잘 때에는 이불을 나란히 덮고 밥 먹을 때에는 밥상을 함께하라.

寢	寢	寢							
잠잘 **침**	宀宁宎宎宎寝寢								
則	則	則							
곧 **즉**	丨冂冃目貝貝則								
連	連	連							
이을 **연**	一匚百亘車連連								
衾	衾	衾							
이불 **금**	人人今今全會육衾								

食	食	食							
먹을 **식**	人人今今今食食								
則	則	則							
곧 **즉**	丨冂冃目貝貝則								
同	同	同							
같을 **동**	丨冂冂同同								
牀	牀	牀							
평상 **상**	丨丬爿爿爿牀牀								

近墨者黑 (이요)   近朱者赤 (이니)

가까울 근 먹 묵 놈 자 검을 흑   가까울 근 붉을 주 놈 자 붉을 적

먹을 가까이 하는 사람은 검어지고 붉은 빛을 가까이하는 사람은 붉게 되니

近									
가까울 근	´ 厂 斤 斤 近 近								
墨									
먹 묵	口 四 回 里 黑 黑 墨								
者									
놈 자	+ 土 耂 者 者 者								
黑									
검을 흑	口 四 回 回 里 黑 黑								

近									
가까울 근	´ 厂 斤 斤 近 近								
朱									
붉을 주	´ ⌒ 二 牛 牛 朱								
者									
놈 자	+ 土 耂 者 者 者								
赤									
붉을 적	一 + 土 宁 亣 赤 赤								

居必擇隣 (하고) 就必有德 (하라.)

살 거　반드시 필　가릴 택　이웃 린　　나아갈 취　반드시 필　있을 유　덕 덕

거처할 땐 반드시 이웃을 가리고 나아갈 땐 반드시 덕 있는 사람에게 가라.

居 살 거	ㄱㄱ尸尸尸居居
必 반드시 필	ﾉﾉ必必必
擇 가릴 택	扌扌扌扌押揩揩擇
隣 이웃 린	阝阝阝阡陜陸隣

就 나아갈 취	一亠亠亠亯亰就
必 반드시 필	ﾉﾉ必必必
有 있을 유	ノナオ有有有
德 덕 덕	彳彳彳彳徳徳徳

擇而交之(면) 有所補益(하고)

가릴 택 말 이을 이 사귈 교 갈 지   있을 유 바 소 도울 보 유익할 익

사람을 가려서 사귀면 도움과 유익함이 있고,

擇									
가릴 택	扌扌扩扩擇擇擇擇								
而									
말 이을 이	一丆丙而而								
交									
사귈 교	丶亠产六亥交								
之									
갈 지	丶㇇之								

有									
있을 유	ノ ナ 才 冇 有 有								
所									
바 소	丶冫彐戶所所所								
補									
도울 보	丶衤衤衤衤袻袻補								
益									
유익할 익	ノ 八 公 盆 谷 益 益								

不擇而交(면) 反有害矣(니라.)

아닐 불 가릴 택 말 이을 이 사귈 교   되돌릴 반 있을 유 해칠 해 어조사 의

가리지 않고 사귀면 도리어 해가 있느니라.

不 아닐 불	一 プ 不 不
擇 가릴 택	一 扌 扩 押 押 擇 擇 擇
而 말 이을 이	一 T 厂 丙 而 而
交 사귈 교	、 一 亠 六 亣 交
反 되돌릴 반	一 厂 厉 反
有 있을 유	ノ 一 才 有 有 有
害 해칠 해	、 宀 宇 宝 害 害 害
矣 어조사 의	厶 厺 台 台 矣 矣

朋友有過 (이어든) 忠告善導 (하라.)

벗 붕   벗 우   있을 유   허물 과   　　충성 충   알릴 고   착할 선   이끌 도

친구에게 잘못이 있거든 충고하여 착하게 인도하라.

朋	朋	朋						
벗 붕	ノ 刀 月 月 朋 朋 朋							
友	友	友						
벗 우	一 ナ 方 友							
有	有	有						
있을 유	ノ ナ オ 有 有 有							
過	過	過						
허물 과	冂 冂 冂 咼 咼 過 過							

忠	忠	忠						
충성 충	丶 口 口 中 中 忠 忠							
告	告	告						
알릴 고	ノ ⺊ ᅩ 生 生 告 告							
善	善	善						
착할 선	丷 ⺍ 羊 芏 盖 善 善							
導	導	導						
이끌 도	丶 ⺍ 首 首 渞 道 導							

人無責友(면) 易陷不義(니라.)

사람 인 없을 무 꾸짖을 책 벗 우   쉬울 이 빠질 함 아닐 불 옳을 의

잘못을 꾸짖어 주는 친구가 없으면 의롭지 못한 데 빠지기 쉬우니라.

人	人	人						
사람 인	ノ 人							
無	無	無						
없을 무	ノ 一 仁 仨 無 無 無							
責	責	責						
꾸짖을 책	一 十 主 青 青 青 責							
友	友	友						
벗 우	一 ナ 方 友							

易	易	易						
쉬울 이	一 口 日 月 月 易							
陷	陷	陷						
빠질 함	ㄱ ㅣ 阝 阝 陷 陷 陷							
不	不	不						
아닐 불	一 ノ オ 不							
義	義	義						
옳을 의	丷 芏 芏 羊 羊 義 義							

面讚我善 (이면)　　諂諛之人 (이요)

얼굴 면　칭찬할 찬　나 아　착할 선　　아첨할 첨　아첨할 유　갈 지　사람 인

면전에서 나의 착한 점을 칭찬하면 아첨하는 사람이고,

面									
얼굴 면	一 丆 而 面 面								
讚									
칭찬할 찬	讠 言 訁 讃 譛 讚 讚								
我									
나 아	一 二 手 手 我 我 我								
善									
착할 선	⺌ 亖 羊 羊 善 善 善								

諂									
아첨할 첨	亠 言 訁 訁 訁 諂 諂								
諛									
아첨할 유	亠 言 訁 訁 訁 諛								
之									
갈 지	丶 之 之								
人									
사람 인	丿 人								

面責我過 (면) 剛直之人 (이니라.)

얼굴 면　꾸짖을 책　나 아　허물 과　　굳셀 강　곧을 직　갈 지　사람 인

면전에서 나의 잘못을 꾸짖으면 굳세고 정직한 사람이다.

面 얼굴 면	面	面					
一 丆 丙 而 面 面							
責 꾸짖을 책	責	責					
一 十 丰 青 青 責 責							
我 나 아	我	我					
一 二 千 手 我 我 我							
過 허물 과	過	過					
冂 冂 円 咼 咼 過 過							
剛 굳셀 강	剛	剛					
丨 冂 冂 円 岡 剛 剛							
直 곧을 직	直	直					
十 十 古 肯 直 直							
之 갈 지	之	之					
丶 亠 之							
人 사람 인	人	人					
丿 人							

言而不信 (이면) 非直之友 (니라.)

말씀 언　말 이을 이　아닐 불　믿을 신　　아니 비　곧을 직　갈 지　벗 우

말을 하되 미덥지 못하면 정직한 친구가 아니다.

言	言	言							
말씀 언	丶一一二宇言言								
而	而	而							
말 이을 이	一丆丆而而								
不	不	不							
아닐 불	一ブイ不								
信	信	信							
믿을 신	ノイ亻信信信信								

非	非	非							
아니 비	ノヲヲ킈非非非								
直	直	直							
곧을 직	十十古古直直								
之	之	之							
갈 지	丶丶之								
友	友	友							
벗 우	一ナ方友								

見善從之 (하고) 知過必改 (하라.)

볼 견 착할 선 좇을 종 갈 지   알 지 허물 과 반드시 필 고칠 개

착한 것을 보면 그것을 따르고 잘못을 알면 반드시 고쳐라.

見	見	見						
볼 견	丨 冂 冂 月 目 貝 見							
善	善	善						
착할 선	丷 䒑 羊 美 盖 善 善							
從	從	從						
좇을 종	丿 亻 𠆢 彳 𣥔 從							
之	之	之						
갈 지	丶 ㇇ 之							

知	知	知						
알 지	丿 𠂉 乍 矢 知 知							
過	過	過						
허물 과	冂 冊 円 咼 咼 過 過							
必	必	必						
반드시 필	丶 丿 必 必 必							
改	改	改						
고칠 개	𠃍 𠃍 己 己 改 改 改							

悅人讚者(는) 百事皆僞(며)

기쁠 열　사람 인　칭찬할 찬　놈 자　　일백 백　일 사　다 개　거짓 위

남의 칭찬을 좋아하는 자는 온갖 일이 모두 거짓이고,

悅									
기쁠 열	ㆍ 忄 忄 忄 悦 悦 悦								
人									
사람 인	ノ 人								
讚									
칭찬할 찬	讠 言 計 計 詳 詳 讚 讚								
者									
놈 자	十 土 耂 者 者 者								

百									
일백 백	一 丆 丆 百 百 百								
事									
일 사	一 戸 戸 写 写 写 事								
皆									
다 개	上 比 比 比 皆 皆								
僞									
거짓 위	亻 伫 伫 伫 僞 僞								

厭人責者(는) 其行無進(이니라.)

싫을 염 사람 인 꾸짖을 책 놈 자   그 기 갈 행 없을 무 나아갈 진

남의 꾸짖음을 싫어하는 자는 그 행동에 진전이 없다.

厭	厭	厭							
싫을 염	一厂厂厂厂厂厭厭厭								
人	人	人							
사람 인	ノ人								
責	責	責							
꾸짖을 책	一十士丰青青青責								
者	者	者							
놈 자	十土耂者者者								

其	其	其							
그 기	一十卄甘其其								
行	行	行							
갈 행	ノノイ彳行行								
無	無	無							
없을 무	ノ无無無無無								
進	進	進							
나아갈 진	亻亻гг疒作佳谁進								

父子有親 (하며) 君臣有義 (하며)

아비 부 아들 자 있을 유 어버이 친   임금 군 신하 신 있을 유 옳을 의

부모와 자식 사이에는 친함이 있고, 임금과 신하 사이에는 의리가 있으며,

父								
아비 **부**	ノ ハ グ 父							
子								
아들 **자**	ㄱ 了 子							
有								
있을 **유**	ノ ナ オ 有 有 有							
親								
어버이 **친**	ㅗ ㅛ 辛 亲 新 郣 親							

君								
임금 **군**	ㄱ ㅋ ㅋ 尹 君 君							
臣								
신하 **신**	ㅡ T 卫 卫 臣 臣							
有								
있을 **유**	ノ ナ オ 有 有 有							
義								
옳을 **의**	ㅗ ㅛ 羊 羊 美 義 義							

夫婦有別(하며) 長幼有序(하며)

지아비 부　아내 부　있을 유　나눌 별　　어른 장　어릴 유　있을 유　차례 서

남편과 아내 사이에는 분별이 있으며, 어른과 아이 사이에는 차례가 있으며,

夫	夫	夫							
지아비 **부**	一 二 夫 夫								
婦	婦	婦							
아내 **부**	㇑ ㇑ 女 女' 女⁻ 妒 婦 婦								
有	有	有							
있을 **유**	ノ ナ 才 有 有 有								
別	別	別							
나눌 **별**	丨 口 口 号 另 別 別								

長	長	長							
어른 **장**	「 F F 手 長 長 長								
幼	幼	幼							
어릴 **유**	㇑ ㇑ 幺 幻 幼								
有	有	有							
있을 **유**	ノ ナ 才 有 有 有								
序	序	序							
차례 **서**	丶 亠 广 庀 庐 序								

朋友有信(이니) 是謂五倫(이니라.)

벗붕 벗우 있을유 믿을신 옳을시 이를위 다섯오 인륜륜

벗과 벗 사이에는 신의가 있으니, 이것을 일러 오륜이라고 한다.

朋	朋	朋							
벗 **붕**	ノ 刀 月 月 朋 朋 朋								
友	友	友							
벗 **우**	一 ナ 方 友								
有	有	有							
있을 **유**	ノ ナ 才 有 有 有								
信	信	信							
믿을 **신**	ノ 亻 ⺅ 亻 信 信 信								

是	是	是							
옳을 **시**	丨 日 旦 早 昇 昻 是								
謂	謂	謂							
이를 **위**	亠 言 言 訂 謂 謂 謂								
五	五	五							
다섯 **오**	一 丆 五 五								
倫	倫	倫							
인륜 **륜**	亻 仂 仂 佾 倫 倫 倫								

君爲臣綱 (이요)　父爲子綱 (이요)
임금 군　할 위　신하 신　벼리 강　　아비 부　할 위　아들 자　벼리 강

임금은 신하의 벼리*가 되고, 아버지는 자식의 벼리가 되며,
(*벼리:그물 코를 꿴 굵은 줄·일이나 글의 뼈대가 되는 줄거리·사물을 총괄하여 규제하는 것)

君	君	君					
임금 군	ㄱㄱㅋ尹尹君君						
爲	爲	爲					
할 위	ᐟ厂厂戶爲爲爲						
臣	臣	臣					
신하 신	一丆丆臣臣臣						
綱	綱	綱					
벼리 강	ㄱㄠ糸紀綱綱綱綱						

父	父	父					
아비 부	ㄱㄧㄅ父						
爲	爲	爲					
할 위	ᐟ厂厂戶爲爲爲						
子	子	子					
아들 자	ㄱ了子						
綱	綱	綱					
벼리 강	ㄱㄠ糸紀綱綱綱綱						

夫爲婦綱 (이니) 是謂三綱 (이니라.)

지아비 부 할 위 아내 부 벼리 강   옳을 시 이를 위 석 삼 벼리 강

남편은 아내의 벼리가 되니, 이것을 일러 삼강이라고 한다.

夫	夫	夫							
지아비 부	一 二 ｆ 夫								
爲	爲	爲							
할 위	ｿ ｿ ｿ ｿ 爲 爲 爲								
婦	婦	婦							
아내 부	女 女 女ﾌ 女ﾌ 婦 婦 婦								
綱	綱	綱							
벼리 강	ノ ㄠ 幺 糸 綱 綱 綱 綱								

是	是	是							
옳을 시	丨 日 旦 무 무 昰 是								
謂	謂	謂							
이를 위	亠 言 言 訂 謂 謂 謂								
三	三	三							
석 삼	一 二 三								
綱	綱	綱							
벼리 강	ノ ㄠ 幺 糸 綱 綱 綱 綱								

人所以貴(는) 以其倫綱(이니라.)

사람 인　바 소　써 이　귀할 귀　　써 이　그 기　인륜 륜　벼리 강

사람이 귀한 이유는 오륜과 삼강 때문이다.

人	人	人							
사람 인	ノ 人								
所	所	所							
바 소	` ´ ⼾ 戶 所 所 所								
以	以	以							
써 이	丶 丷 以 以								
貴	貴	貴							
귀할 귀	口 中 虫 貴 貴 貴								

以	以	以							
써 이	丶 丷 以 以								
其	其	其							
그 기	一 十 廿 甘 其 其								
倫	倫	倫							
인륜 륜	亻 仆 伶 伶 倫 倫								
綱	綱	綱							
벼리 강	幺 糸 紀 網 網 網 綱								

德業相勸 (하고) 過失相規 (하며)

덕 덕　　일 업　　서로 상　　권할 권　　　　허물 과　　잃을 실　　서로 상　　법 규

좋은 일은 서로 권하고, 잘못은 서로 규제하며,

德									
덕 덕	彳 彳 彳 循 循 德 德								
業									
일 업	丨 丬 艹 艹 뽀 業 業								
相									
서로 상	一 十 才 木 相 相 相 相								
勸									
권할 권	一 艹 艹 艹 芹 萨 蒴 藋 藋 勸 勸								

過									
허물 과	冂 冂 冎 冎 咼 咼 過 過								
失									
잃을 실	丿 丨 二 失 失								
相									
서로 상	一 十 才 木 相 相 相 相								
規									
법 규	二 于 夫 汍 担 規 規								

禮俗相交 (하고) 患難相恤 (하라.)

예도 예　풍속 속　서로 상　사귈 교　　근심 환　어려울 난　서로 상　동정할 휼
예도 례

예의로 서로를 사귀고, 어려운 일은 서로 돕는다.

禮								
예도 예	一 示 禾 禮 禮 禮 禮							
俗								
풍속 속	亻 亻 伙 伀 佟 俗 俗							
相								
서로 상	一 十 才 木 相 相 相 相							
交								
사귈 교	丶 一 亠 六 亦 交							

患								
근심 환	一 口 吕 吕 串 患 患							
難								
어려울 난	一 艹 苩 堇 莫 黃 難 難 難							
相								
서로 상	一 十 才 木 相 相 相 相							
恤								
동정할 휼	丶 忄 忄 忄 忻 恤 恤							

貧窮患難 (에는) 親戚相救 (하며)

가난할 빈　궁할 궁　근심 환　어려울 난　　친할 친　겨레 척　서로 상　건질 구

가난이나 우환, 재난을 당한 사람이 있을 경우에는
친척들이 서로 구원해 주며,

貧									
가난할 빈	丿 八 分 分 岔 貧 貧								
窮									
궁할 궁	宀 宂 穴 宑 穹 窮 窮								
患									
근심 환	丨 口 吕 吕 串 患 患								
難									
어려울 난	一 廿 廿 堇 莫 萋 難 難								

親									
친할 친	亠 立 辛 亲 新 親 親								
戚									
겨레 척	厂 厃 斤 厈 咸 戚 戚								
相									
서로 상	十 才 木 机 相 相 相								
救									
건질 구	一 十 寸 求 求 救 救								

婚姻死喪(에)　相扶相助(하라.)

혼인할 혼　혼인 인　죽을 사　죽을 상　　서로 상　도울 부　서로 상　도울 조

혼인과 초상에는 이웃끼리 서로 도와라.

婚		
혼인할 혼	ㄑ 女 女 妒 妒 妒 婚 婚	

姻		
혼인 인	ㄑ 女 女 妒 妒 姻 姻	

死		
죽을 사	一 ㄏ ㄐ 歹 歹 死	

喪		
죽을 상	一 十 土 吉 壶 壺 喪 喪	

相		
서로 상	十 才 木 机 枦 相 相	

扶		
도울 부	一 十 扌 扌 扌 扶 扶	

相		
서로 상	十 才 木 机 枦 相 相	

助		
도울 조	1 Π Ħ Ħ 且 助 助	

修身齊家 (는) 治國之本 (이요.)

닦을 수 몸 신 가지런할 제 집 가   다스릴 치 나라 국 갈 지 근본 본

자기 몸을 닦고 집안을 가지런히 하는 것은 나라를 다스리는 근본이요.

修								
닦을 수	亻 亻 亻 俨 俨 修 修 修							
身								
몸 신	´ ⺈ 门 自 自 身 身							
齊								
가지런할 제	亠 亠 产 斉 斉 齊 齊							
家								
집 가	´ 宀 宀 宀 宁 宁 宇 家 家							

治								
다스릴 치	´ ⺀ 氵 氵 浐 治 治 治							
國								
나라 국	冂 同 冋 囻 國 國 國							
之								
갈 지	´ ㇗ 之							
本								
근본 본	一 十 才 木 本							

讀書勤儉(은) 起家之本(이니라.)

읽을 독   글 서   부지런할 근   검소할 검   　 일어날 기   집 가   갈 지   근본 본

책을 읽으며 부지런하고 검소함은 집안을 일으키는 근본이다.

讀									
읽을 독	亠 言 計 讀 讀 讀 讀								
書									
글 서	一 口 크 크 聿 聿 書 書								
勤									
부지런할 근	一 廿 甘 苗 堇 董 勤 勤								
儉									
검소할 검	亻 伀 伀 伶 佮 倫 儉 儉								

起									
일어날 기	一 土 キ 走 起 起 起								
家									
집 가	丶 宀 宀 宁 宇 家 家								
之									
갈 지	丶 ㇀ 之								
本									
근본 본	一 十 才 木 本								

忠信慈祥(하고) 溫良恭儉(하라.)

충성 충 믿을 신 사랑할 자 상서로울 상   따뜻할 온 어질 량 공손할 공 검소할 검

충실하고 신용 있고 자상하며 온순하고 어질고 공손하고 검소하게 하라.

忠	忠	忠							
충성 충	丶 口 口 中 中 忠 忠								
信	信	信							
믿을 신	丿 亻 亻 信 信 信 信								
慈	慈	慈							
사랑할 자	丷 䒑 产 兹 兹 慈 慈								
祥	祥	祥							
상서로울 상	二 亍 示 祁 祥 祥 祥								

溫	溫	溫							
따뜻할 온	氵 氿 汨 洉 涃 溫 溫								
良	良	良							
어질 량	丶 ㇅ ㇅ 彐 皀 良 良								
恭	恭	恭							
공손할 공	一 艹 艹 共 共 恭 恭								
儉	儉	儉							
검소할 검	亻 亻 佥 佥 伶 侩 儉								

人之德行(은) 謙讓爲上(이니라.)

사람 인　갈 지　덕 덕　갈 행　　겸손할 겸　사양할 양　할 위　위 상

사람의 덕행은 겸손과 사양이 제일이다.

人							
사람 인　ノ 人							
之							
갈 지　丶 ㇗ 之							
德							
덕 덕　彳 彳 衤 徝 徳 德 德							
行							
갈 행　ノ ㇒ 彳 彳 行 行							

謙							
겸손할 겸　亠 言 計 計 詳 謙 謙							
讓							
사양할 양　言 言 評 評 譁 讓							
爲							
할 위　爫 ⺄ ⺄ 乎 爲 爲 爲							
上							
위 상　丨 ト 上							

莫談他短(하고) 靡恃己長(하라.)

없을 막 말씀 담 다를 타 짧은 단   쓰러질 미 믿을 시 자기 기 길 장

다른 사람의 단점을 말하지 말고 자기의 장점을 믿지 말라.

莫	莫	莫						
없을 막	一 十 廿 甘 苩 苩 莫 莫							
談	談	談						
말씀 담	冫 冫 言 言 訁 訉 談 談							
他	他	他						
다를 타	丿 亻 仆 仲 他							
短	短	短						
짧은 단	丿 レ 矢 矢 矩 短 短							

靡	靡	靡						
쓰러질 미	一 广 广 广 座 麻 靡 靡							
恃	恃	恃						
믿을 시	丶 忄 忄 忄 恃 恃 恃							
己	己	己						
자기 기	一 コ 己							
長	長	長						
길 장	一 丅 丆 丰 長 長 長							

己所不欲(을) 勿施於人(하라.)

자기 기　　바 소　　아닐 불　하고자 할 욕　　　말 물　　베풀 시　어조사 어　사람 인

자기가 하기 싫은 일을 남에게 하도록 말라.

己									
자기 기	ㄱ ㄹ 己								
所									
바 소	、 ㄱ ㅋ 戸 所 所 所								
不									
아닐 불	一 ㄱ 才 不								
欲									
하고자 할 욕	′ 勹 솝 谷 谷 谷 欲 欲								

勿									
말 물	′ 勹 勿 勿								
施									
베풀 시	、 亠 方 方 方 方 施 施								
於									
어조사 어	、 亠 方 方 於 於 於								
人									
사람 인	ノ 人								

積善之家(는)　必有餘慶(이요)

쌓을 적　착할 선　갈 지　집 가　　반드시 필　있을 유　남을 여　경사 경

선행을 쌓은 집안은 반드시 뒤에 경사가 있고,

積	積	積							
쌓을 **적**	千 禾 利 秆 秸 積 積 積								
善	善	善							
착할 **선**	⺍ 并 羊 羔 盖 善 善								
之	之	之							
갈 **지**	⺀ ㇇ 之								
家	家	家							
집 **가**	⺀ 宀 宁 宇 宇 家 家								

必	必	必							
반드시 **필**	⺀ ソ 义 必 必								
有	有	有							
있을 **유**	ノ 𠂉 才 有 有 有								
餘	餘	餘							
남을 **여**	ノ 人 숩 合 飠 鈴 餘								
慶	慶	慶							
경사 **경**	⺀ 广 庐 庐 庐 廖 慶								

不善之家(는) 必有餘殃(이니라.)

아닐 불 착할 선 갈 지 집 가   반드시 필 있을 유 남을 여 재앙 앙

불선을 쌓은 집안은 반드시 뒤에 재앙이 있다.

不	不	不						
아닐 불	一ブオ不							
善	善	善						
착할 선	⺍ㄹ羊善善善善							
之	之	之						
갈 지	丶ㄅ之							
家	家	家						
집 가	丶宀宀宀宁字家家							

必	必	必						
반드시 필	丶ソ必必必							
有	有	有						
있을 유	ノナオ有有有							
餘	餘	餘						
남을 여	ノ𠆢亼食飠飠餘餘							
殃	殃	殃						
재앙 앙	一万歹歹死殃殃							

損人利己 (면) 終是自害 (니라.)

손해 손 사람 인 이로울 리 자기 기   끝날 종 옳을 시 스스로 자 해칠 해

남을 손해 보게 하고 자신을 이롭게 하면 끝내는 자신을 해치는 것이 된다.

損	損	損						
손해 손	十 扌 扩 押 捐 揖 損							
人	人	人						
사람 인	ノ 人							
利	利	利						
이로울 리	ノ 二 千 禾 禾 利 利							
己	己	己						
자기 기	丁 コ 己							
終	終	終						
끝날 종	ノ 幺 乎 糸 紀 終 終							
是	是	是						
옳을 시	丨 日 旦 早 무 昰 是							
自	自	自						
스스로 자	ノ 亻 冂 自 自 自							
害	害	害						
해칠 해	丶 宀 宀 宝 宝 害 害							

禍福無門 (하야) 惟人所召 (니라.)

재난 화 복 복 없을 무 문 문   꾀할 유 사람 인 바 소 부를 소

재앙과 복은 특정한 문이 없어 오직 사람이 불러들인 것이다.

禍									
재난 화	一 ㄒ 示 禾 和 禍 禍								
福									
복 복	一 ㄒ 示 禾 和 福 福								
無									
없을 무	一 二 𠂉 無 無 無								
門									
문 문	ㅣ ㅣ ㄫ 門 門								
惟									
꾀할 유	` 忄 忄 忄 忙 忰 惟 惟								
人									
사람 인	ノ 人								
所									
바 소	` ㄱ ㄹ 戶 所 所 所								
召									
부를 소	ㄱ 刀 刀 召 召								